NOTES

Sur les Mémoires Militaires, attribués à Monsieur le Duc de Crillon, en ce qui concerne le Siége de Gibraltar.

NOTES

Sur les Mémoires Militaires, at-tribués à Monsieur le Duc de Crillon, en ce qui concerne le Siége de Gibraltar.

§. PREMIER.

L'AUTEUR des Mémoires se plaint, (page 329) d'un Auteur anonyme qui accuse M. de Crillon, *d'avoir applaudi, dans le fond de son cœur, au projet des Batteries flottantes....* Nous croyons qu'en effet on lui fait injustice à cet égard ; il est connu qu'en fait de détails, ce Géneral, occupé de grandes idées, dédaigne absolument

A 2

d'avoir des opinions à lui , et il est encore moins disposé à adopter par conviction les opinions d'un autre. Il ne fut donc déterminé à se charger de l'entreprise de Gibraltar , que dans l'espérance d'en recueillir ce qu'il savoit être destiné à celui qui, ayant réduit les deux plus fortes places du monde, en alloit être considéré comme l'un des premiers hommes.

Vainement prétendroit-on que les applaudissemens reservés aux inventeurs et aux artistes , eussent altéré cette opinion ; c'est une grande erreur : bien peu de gens connoissent le nom de l'Ingénieur (Pompée Targon) , qui proposa la digue de la Rochelle : toute la gloire en revint au Cardinal de Richelieu , et elle dut lui revenir ; parce qu'en effet , c'est à lui qu'appartient le mérite essentiel du concours des volontés dans une aussi vaste entreprise , et dont il avoit à surmonter tous les obstacles moraux. Il est même vraisemblable que cet Ingénieur n'est resté ignoré qu'à cause du succès ; mais croyez qu'en cas de revers , il auroit été accablé d'une douloureuse célébrité.

[5]

§. I I.

M. de Crillon annonce (pages 329 et suivantes), qu'il avoit un projet immanquable
pour réduire la place de Gibraltar ; *qu'il
l'avoit communiqué à M. de Vallières ;
qu'il avoit été pleinement accueilli dans
le Conseil intime de Charles III , pendant
près de trois années , &c...* Comment se
fait-il que personne n'ait eu connoissance
de ce projet mystérieux? Comment se fait-
il que M. de Vallières n'en ait pas dit
un mot dans le Mémoire qu'il a remis à
la Cour d'Espagne sur cette opération ? Ce
Mémoire fut adressé au Général Alvarès
par le Ministre d'Espagne , comme règle
de conduite à suivre ; et c'est cette conduite suivie à la lettre, qui a produit ce
siége qui duroit depuis quatre ans , sans
progrès , sans action , et qui fut l'objet
des sarcasmes de toute l'Europe Militaire.

§. I I I.

L'Auteur des Mémoires suppose (pages

33o et suivantes), que M. le Comte d'A-
randa , M. le Ministre de Ségur, et autres
personnages influens , avoient appuyé le
projet des Batteries flottantes..... Il est
connu que M. de Ségur a toujours im-
prouvé ce projet, par la seule raison que
c'étoit une nouveauté dont il n'avoit jamais
entendu parler. Il est de fait, d'ailleurs,
que l'Auteur des Batteries flottantes, n'avoit
jamais vu M. d'Aranda , et qu'il n'en a
été connu qu'à son retour d'Espagne ,
après la catastrophe ; c'est alors même
que M. d'Arçon découvrit que M. d'A-
randa avoit lui-même été contredit sur
un projet qu'il paroissoit avoir adopté ,
lequel consistoit à couler un grand nom-
bre de carcasses de vaisseaux pour gâter
les mouillages et interdire l'accès des
ports de la place.

₰. I V.

M. de Crillon suppose (page 331), *que
l'éloquence persuasive de M. d'Arçon ,
passionné pour son projet jusqu'au fanatisme , avoit entraîné le suffrage de M.*

l'Ambassadeur d'Espagne.... Le fait est que l'éloquence de M. d'Arçon ne put agir sur M. d'Aranda , parce qu'il ne l'avoit jamais vu. ... Il est vrai, d'ailleurs, que M. d'Arçon a pu se passionner pour un intérêt d'État ; d'autant qu'il est bien avéré aujourd'hui que ce projet étoit le seul admissible. ... Il n'appartient pas à tout le monde de se passionner ainsi pour des intérêts d'État ; moins encore à ceux qui ne calculent les événemens que d'après les avantages particuliers qu'ils peuvent en recueillir.

§. V.

L'Auteur des Mémoires Militaires , affirme (page 333), qu'à son retour de Mahon, lorsqu'on lui proposa de se charger de l'entreprise de Gibraltar, *les préparatifs en étoient faits* ; il n'existoit encore à cette époque aucunes espèces de préparatifs , si ce n'est un ordre adressé par le Ministre de la Marine , pour faire visiter dans la baye de Cadix , tous ceux des vaisseaux marchands , qui pourroient être susceptibles de servir de bases et d'être convertis en Batteries flottantes : mais ce premier apperçu n'auroit jamais dû paroître un engagement capable de déterminer M. le Duc de Crillon.

§. V I.

L'Auteur des Mémoires dit (page 333), qu'il avoit lui, un excellent projet, *de la réussite duquel il étoit assuré.* ... Tant que ce projet restera dans les ombres d'un mystère impénétrable à tous les Militaires de l'Europe, on sera fondé à supposer que ce n'est qu'une chimère.

§. V I I.

M. de Crillon rend compte (page 334), d'une conférence qui eut lieu entre M. de Florida-Blanca, le Général et l'Auteur du projet : il dit *qu'il ne fut point du tout effrayé de l'éloquence de M. d'Arçon, et qu'il n'en devint que plus assuré du suffrage de M. de Florida-Blanca....* Et pourtant c'est le projet de M. d'Arçon qui a été adopté !... Comment expliquer cette singularité ?

§. V I I I.

M. de Crillon avance (page 334), que l'Auteur du projet développa le plan de ses attaques *du côté de la Méditerranée.....* Ce n'est qu'une faute d'impression, car le Général du siége n'auroit pas pris le côté de l'Océan pour celui de la Méditerranée.

§. I X.

M. de Crillon suppose (page 336), que M. d'Arçon avouoit la nécessité que les batteries tirassent autant d'eau qu'un vaisseau de quatre-vingt canons , et il en conclut, *que l'emploi de ces batteries étoit impossible.* Il y a quelques malentendus dans cet exposé : les batteries devoient être construites sur des carcasses de vaisseaux marchands ; ainsi, ces vaisseaux , dans lesquels on devoit réserver une batterie basse, ne pouvoient jamais avoir autant de tirant d'eau qu'un vaisseau de quatre-vingt canons.

Le fait est que les plus forts de ces vaisseaux, convertis en batteries, tiroient de dix-sept à dix-huit pieds d'eau. Le fait est que ces batteries étoient destinées à former l'attaque devant le vieux port. Le fait est que ce vieux port, est un port où abordent en temps de paix les plus forts navires marchands. Le fait est que, puisqu'ils y abordent, il existe une passe propre à les y conduire.

Il se pourroit fort bien que ceux qui n'ont vu Gibraltar qu'en temps de guerre, n'ayent pas soupçonné l'existence de ce vieux port, à la gauche du vieux mole ; car, dans ce temps, aucuns vaisseaux n'y abordoient, tous restoient dans le port du nouveau mole, pour ne pas être exposés aux bombes et aux boulets qui partoient des lignes de Saint-Roch.

§. X.

M. de Crillon annonce, (page 337), qu'il avoit pris les sondes de la baye de

Gibraltar, *et qu'il les avoit fait répéter plusieurs fois, en différentes saisons.* Comment se fait-il que M. de Crillon ne nous ait jamais communiqué le tableau de ces sondes, lui qui se plaint, comme on le verra, et avec grande raison, des négligences qui furent commises à cet égard?

₴. X I.

L'Auteur des Mémoires dit, (page 338), *que M. d'Arçon s'étoit chargé de faire sonder la Baye de Gibraltar;* cela n'est pas exact; cet Ingénieur n'a pas pu s'engager à faire des sondes, parce qu'en sa qualité, il devoit s'en tenir au fait de l'existence du vieux port, où abordoient les plus forts navires marchands. Il est vrai cependant que ces sondes étoient absolument nécessaires; mais c'étoit pour bien connoître les bas fonds et la passe qui conduit devant le vieux Port; or cette connoissance appartenoit et ne pouvoit être utile qu'aux Marins, qui devoient être chargés de diriger les batteries dans l'opération de l'embossage. M. Moreno, Commandant-Général des batteries, et chargé par conséquent de leur embossage, fut donc requis fréquemment de faire reconnoître cette passe par lui même, ou par les Pilotes destinés à les diriger à l'embossage, et M. d'Arçon devoit s'en reposer sur cette réquisition ; car tous les acteurs dans une opération ne peuvent être responsables que chacun respectivement dans leur élément. Cependant M. Moreno différa toujours l'exécution de ce préliminaire des sondes ; il prenoit un ton tout à fait rassurant, et prétendoit *qu'on devoit être tranquille à cet égard, et qu'il aborderoit, sans doute, aussi aisément que le faisoient les vaisseaux marchands ; que tous les Pilotes de la Baye connoissoient parfaitement cette passe,* etc....

C'est ainsi qu'on arriva à la veille de l'opération, sans que M. Moreno se fût assuré des circonstances particulières de cette passe. Il répéta *qu'on devoit s'en rapporter aux Pilotes-pratiques, qui de tous les temps avoient fréquenté le vieux Port de Gibraltar.*

M. d'Arçon avoit pourtant des inquiétudes, non sur l'existence de la passe, puisque c'étoit un fait connu ; mais sur les sinuosités qu'elle pouvoit avoir, afin de ne pas risquer d'y toucher : il communiqua plus d'une fois ses inquiétudes, à ce sujet, à M. de Crillon, et sur-tout à M. Moreno, auprès duquel il se rendoit même très-importun. Les réponses de ce marin étoient toujours prêtes, il répondoit de tout ; mais il seroit difficile d'exprimer le mal qu'a produit ce ton sabreur et rassurant. Enfin M. de Crillon fatigué des sollicitudes continuelles de M. d'Arçon, à ce sujet, lui ordonna la veille de l'opération d'aller lui même vérifier ces sondes : c'étoit évidemment au marin qu'il falloit donner cet ordre, attendu que cette connoissance des sondes étoit inutile à l'Ingénieur, puisqu'il n'étoit pas destiné à tenir la barre du gouvernail. M. d'Arçon le fit sentir ; mais le Général affecta de ne pas l'entendre, et parut considérer cette opération des sondes comme une affaire de Chevalerie. M. d'Arçon partit sur le temps ; il vérifia la passe, et il s'assura de l'existence d'un bas fond qu'il falloit contourner : c'est tout ce qu'il put faire pendant une nuit où l'atmosphère de la mer , comme c'est ordinaire lorsque les brumes ne donnent pas , étoit très-lumineux; il fut découvert en effet, et canonné de manière à ne pouvoir étendre les sondes aussi loin qu'il l'auroit désiré. Cependant, il en apprit assez pour être en état d'avertir tous les Commandans des batteries de l'existence de ce bas fond dangereux, et de la nécessité de le contourner pour enfiler la passe qui conduit devant le vieux Port : il indiqua aussi cette passe, qui d'ailleurs devoit être connue de tous les marins - pratiques de cette baye. Mais enfin toutes ces précautions furent bien inutiles, puisque M. Moreno n'en tint aucun compte ; il n'essaya pas seulement d'enfiler la passe ; il alla se placer du côté opposé et hors de toutes mesures ; et comme il avoit ordonné à tous les Commandans des batteries de le suivre, toute l'attaque se trouva désorganisée et dispersée.

Cette discussion sur les sondes paroîtra fastidieuse ; mais il étoit essentiel d'en retracer fidellement l'histoire , pour anéantir les insinuations perfides qu'on voudroit en tirer.

ϟ. X I I.

On est affligé que M. de Crillon ait copié des Mémoires publiés par des hommes peu instruits sur des détails absolument indignes d'un Général qui ne voit la guerre qu'en grand ; il dit par exemple (pages 339 et 340,) que la circulation des eaux, destinées à arrêter les progrès de l'incendie, *devoit s'exécuter par des tuyaux, et que ces tuyaux auroient été mille fois brisés par le canon...* Il ne s'agissoit nullement de tuyaux, mais seulement d'une simple expansion intérieure et extérieure qui devoit entretenir les bois dans une continuelle imbibition : on voit qu'il seroit difficile que le canon pût atteindre les communications d'une pareille expansion. M. de Crillon n'entendoit pas ce mécanisme, et même il le dédaignoit absolument.

Ce fut donc à cette occasion que l'Auteur du projet coupant court aux objections, demanda que pas une des batteries ne fût présentée devant l'ennemi , que préalablement elle n'eût été mise à l'épreuve contre les boulets rouges ; afin disoit-il , de rassurer par une expérience éclatante tous ceux qui devoient les monter. Cela fut convenu , et cependant au moment décisif , M. de Crillon annonça qu'il avoit ordre de la Cour de ne point tenter ces expériences , et cela pour des causes qu'on ne disoit pas ; mais* qu'on a essayé de démêler dans le *Conseil de guerre privé.*

ᛐ. X I I I.

Les Mémoires représentent l'Auteur du projet (pages 340 et suivantes), comme un homme dupe de son imagination , sur l'incombustibilité des batteries... Il est vrai pourtant que M. d'Arçon ne savoit que comme tout le monde , que l'eau éteint le feu , et il ne mit aucun mystère dans les moyens d'appliquer ce puissant antidote.

ᛐ. X I V.

L'Auteur des Mémoires s'appesantit beaucoup , (pages 340 et suivantes) , sur cette controverse qui eut lieu en présence de M.

M. le Comte de Florida-Blanca ; mais il est étrange, il est même insultant pour ce Ministre, que l'on sait être doué d'un sens exquis, de le faire intervenir dans ces rixes, pour répéter à tous propos : *je suis bien aise de vous voir d'accord.* Or, le Général et l'Ingénieur étoient d'accord, ou ne l'étoient pas, et M. de Crillon est pour la négative ; d'où s'ensuivroit que le Ministère se seroit lourdement trompé.

§. X V.

L'Auteur du projet avoit dit qu'une fois les brêches ouvertes et accessibles, il pensoit que le Gouverneur de Gibraltar, n'exposeroit pas sa garnison à être emportée d'assaut, et sur cela, M. de Crillon dit : (page 341,) *que c'étoit rendre bien peu de justice au mérite de M. Elliot....* Il paroît qu'on ne faisoit aucun tort au Général Elliot, en supposant qu'il seroit forcé de se rendre, lorsque tous ses feux seroient éteints, et que son corps de place seroit ouvert et accessible à 30 mille assaillants. On sait assez que c'est-là le terme de tous

B

les sièges. Le Général Elliot lui-même, ne s'est pas étonné de cette assertion, lorsque, par un trait de modestie assez rare, il a déclaré *qu'il devoit ses succès à des mésintelligences qu'il ne pouvoit guère espérer*, lorsqu'il a fait assurer M. d'Arçon de sa considération et de son estime ; et cela, après avoir pris connoissance des Mémoires imprimés, où l'assertion ci-dessus est développée d'après tous les principes de l'art des sièges.

Mais M. de Crillon lui-même, fait-il beaucoup d'honneur au Général Elliot, en supposant qu'il auroit cédé immanquablement aux enchantemens de son projet, dont il fait encore un mystère ?

§. X V I.

M. de Crillon revient encore (pag. 343), à une supposition qui lui tient fort à cœur, en répétant que M. d'Arçon s'étoit chargé de faire faire des sondes en arrivant à Algéciras; or, cet Ingénieur, pressé de nouveau sur ce fait, nie formellement qu'à cette epoque, il se soit chargé d'une opé-

ration qu'il regardoit comme devant ap-
partenir aux marins. Sans doute qu'avec
le zèle qu'on lui connoît, il a pu dire qu'il
y accompagneroit les marins, qui étoient
les seuls auxquels cette opération dût être
utile ; et quant à lui, n'étant nullement
destiné à piloter les batteries , il lui suf-
fisoit de l'existence du vieux port et de
la passe qui y conduit ; mais les moyens
de contourner cette passe, pour éviter les
bas fonds, appartenoient évidemment aux
marins.

On apperçoit une intention mauvaise dans
ce dessein de faire faire cause commune à
cet égard , entre M. Moreno et l'Ingénieur.
Le fait est , que n'ayant jamais pu ob-
tenir que M. Moreno s'acquittât d'un devoir aussi important, eu égard à la commission dont il s'étoit chargé , l'Ingénieur
se trouva à la fin, obligé d'y suppléer :
il profita au moins de cette occasion pour
distribuer à chaque Commandant de batterie, un croquis, exprimant les fronts à
attaquer, la passe à suivre, les bas-fonds
à éviter, avec les sondes qu'il fut pos-
sible de prendre sous un feu assez re-

doutable...... Mais tous ces efforts furent inutiles, puisque M. Moreno alla disperser toutes les batteries du côté opposé, vers la droite du point d'attaque indiqué.

?. X V I I.

M. de Crillon affirme (pages 343 et suivantes,) qu'il avoit exigé de l'Ingénieur, qu'il fît l'expérience des boulets rouges ; et remarquez que c'est lui, Général, qui s'opposa à cette expérience : c'est sur quoi l'on prend toute l'armée à témoin. Il est vrai que les calfatages qui devoient contenir l'eau en circulation, ayant été fort négligés par une extrême précipitation, l'Auteur du projet demanda dix jours pour les réparer ; c'est alors que le Général déclara *qu'il avoit ordre d'attaquer, sans tenter une expérience qu'il disoit être incertaine;* ajoutant *que si cette expérience venoit à manquer, nos attaquants pourroient en être intimidés.* On ne vouloit point de l'expérience parce qu'on auroit été obligé d'accorder le temps nécessaire pour mettre ses batteries en état de la subir. Enfin, *on n'avoit pas*

*dix jours à donner, et il falloit au con-
traire tout employer pour accélérer l'attaque; il falloit vaincre ou mourir, &c....*
En effet, il paroît que c'étoit un parti pris
de mourir; car, en ce moment, il n'y avoit
que trois batteries, en état de naviguer,
et M. de Crillon vouloit attaquer avec ces
trois batteries, sans attendre les sept autres.
On eut même beaucoup de peine à le dis-
suader de cette attaque partielle.

Au surplus, tout cela est revenu au même
résultat, puisque, sur les dix batteries flottantes, il n'y en eut jamais que trois en action, et encore en fausse position, sans con-
cert et sans mesure; les sept autres restè-
rent en arrière, et plusieurs même, hors
de portée. D'un autre côté, les cent quatre-
vingt-six bouches à feu de l'attaque auxiliaire de terre, (excepté les deux premières
heures), gardèrent un silence profond pendant onze heures de suite. Les trente ca-
nonnières et trente bombardes ne parurent
pas, et enfin toutes espèces de secours et
moyens de retraite nous furent refusés pendant 14 heures de présence; quoique pourtant nous fussions là à la vue d'une escadre

et de 40 mille hommes de mer abondam-
ment pourvus de tout.

Comment se fait-il donc, après de pareils
manquemens, que M. de Crillon ne pa-
roisse vouloir inculper dans ses mémoires
que celui-là même qui a fait tant d'efforts
pour ne manquer à rien ? Nous ne répéte-
rons pas ici une foule de faits prouvés dans
le *Conseil de guerre privé* ; nous renvoyons
à cet ouvrage , publié depuis huit ans , et
tant qu'on n'y répondra pas, il servira d'au-
torité. D'ailleurs , comme il est fondé sur
des faits avoués , pas ceux mêmes qui atta-
quoient ouvertement l'Auteur du projet , il
seroit difficile d'y répondre , et impossible
d'en altérer les démonstrations.

ò. X V I I I.

M. de Crillon attaque encore l'Auteur du
projet sur les dispositions de l'assaut (page
344) ; il suppose qu'il s'agissoit de l'exécuter avec *deux mille petites barques*, il com-
pose d'ailleurs des tableaux imaginaires ; il
annonce par exemple , *que nous avions à*

faire à dix mille hommes retranchés der-
rière les breches , &c.

Le critique auroit dû lire au moins le dis-
positif dont il s'agit ; car il n'est pas permis
de le dépouiller pour se donner l'avantage
de le combattre ; il auroit vu qu'il s'agissoit,
non de *deux mille petites barques* , mais de
trois cents embarcations portant cinquante
hommes chacune et déposant simultanément
quinze mille hommes au pied des breches.
Non pas vis-à-vis de dix mille hommes retranchés , ainsi que l'affirme M. de Crillon ;
car la garnison n'a jamais été au complet
que de six mille hommes ; et à l'époque de
l'assaut , déduction faite des morts , des
blessés et des malades , elle auroit certainement été reduite au moins de moitié.
Cette garnison eût été affoiblie encore par
les diversions projetées au nouveau mole
et à la pointe d'Europe ; enfin M. de Crillon,
qui nous représente dix mille géants in-
vulnérables , reduits à trois mille hommes
harrassés de fatigues , ne songe pas aux dé-
ductions qui fussent résultées encore de
l'impérieuse activité de quatre cents bouches
à feu, devenues maîtresses et faisant du théâ-

tre de l'attaque un champ de morts et de décombres, sur lequel il eût été impossible que les défenseurs eussent pu nous attendre pendant plusieurs jours.

♪. X I X.

M. de Crillon revient de nouveau (page 345) sur ce point qui paroît lui tenir le plus à cœur , à savoir qu'il ne s'est chargé de l'entreprise de Gibraltar que par complaisance , bien convaincu pourtant qu'elle étoit mauvaise... Il est inutile de répéter ce qui a été discuté à fond , et d'après des faits avoués , dans le *Conseil de guerre privé.* Nous n'avons ici qu'un mot à dire : pourquoi M. de Crillon s'en est-il chargé ? Qui croira qu'on ait pu le forcer d'exécuter un projet qu'il croyoit mauvais et qui partoit d'un homme sans crédit et sans intrigue ? tandis que lui, Capitaine général, ayant fait vingt-quatre sièges , jouissant d'une réputation méritée , comblé des faveurs et de toute la confiance de la Cour , n'auroit pas eu le crédit de faire prévaloir son propre projet... et un projet immanquable ! cela est absolument inconcevable : ce Général paroîtroit donc avoir préféré d'échouer avec un mauvais projet, plutôt que de réussir avec un bon ! car, avec un homme du caractère de M. Florida Blanca , saisissant toutes les vérités , et dans tous les genres, il eût suffi de lui montrer ce projet immanquable.

L'enchanteur d'Arçon avoit donc interdit tous les accès de l'évidence auprès de ce ministre !... Qui pourroit le penser, de la part d'un homme qui, pour condition , (sans laquelle il demandoit à retourner en France,) avoit exigé que *le Général, chargé de l'entreprise , en fût tellement convaincu , qu'il pût se l'approprier, et l'exécuter pour son compte...* Que sans cela il ne falloit espérer aucun succès ?

On ne dit pas que M. de Crillon n'ait fait toutes les objections dont il parle ; mais il est plus que vraisemblable qu'on y répondit d'une manière si simple, qu'on dut le croire convaincu, autant, toutefois qu'un homme de son caractère et à de grandes idées pouvoit l'être, dans une question de ce genre.

§. X X.

M. de Crillon affirme (page 345,) que les batteries flotantes qui ont le plus approché de la place , *étoient à 600 toises , et que la muraille n'a pas reçu la moindre égratignure*. La batterie Nassau étoit à 220 toises ; celle de Moreno à 300 ; toutes les autres étoient dispersées à quatre , cinq , six , sept , et même huit cents toises. Il y avoit donc en effet sept batteries , à peu -près hors de portée ; mais trois , (quoi qu'en fausse position) étoient pourtant à distance convenable ; il faut bien que cela ait été ainsi , suivant même le systême de M. de Crillon ; car , puisqu'il soutient que les boulets ont transpercé nos batteries, il est très-évident qu'elles ont dû au moins *égratigner* les murailles. Il est vrai , et il faut convenir que ces murailles n'étoient que superficiellement entammées par les batteries de Nassau , Moreno , et un peu par celle de Langara ; elles ne pouvoient en effet avoir produit que des écorchures pendant les trois heures de feu qu'elles rendirent ; mais c'est ainsi que l'on commence toutes les brêches du monde.

&. X X I.

M. de Crillon veut bien s'égayer (page 3.15), *sur des batteries incombustibles qui ont brûlé.* ... On craint que cette plaisanterie n'ait mauvaise grâce de la part de celui qui a fait exécuter l'embrasement, en conséquence d'un ordre par écrit ; étant même autorisé par un comité marin ; mais la plaisanterie n'en porte pas moins à faux, par la raison que le genre d'incombustibilité dont il s'agissoit , n'étoit pas celui qui résiste à de pareilles intentions.

&. X X I I.

Cependant M. de Crillon établit une différence (page 346) *entre les boulets tirés par des canons dont l'appui est sur un fond vacillant, et ceux qui partent de terre ferme :* L'expérience démontre d'abord que ses effets sont sensiblement les mêmes ; et comme il n'y a point d'effets sans causes, il faut savoir que le recul d'une pièce de canon, soit à terre, soit sur mer, est ce qui fait perdre au boulet une partie de sa force de percussion ; or, ce recul précède'le fléchissement qu'éprouve une grande masse de fluide ; ce dernier effet est postérieur à celui du recul, et le boulet est déjà parti avant que la masse de la flotaison ait reçu aucune impression.

§. X X I I I.

L'Auteur des mémoires revient aux détails des dispositions de l'assaut (page 349) ; il suppose *une foule de petits pelotons, arrivant successivement contre dix mille hommes bien retranchés*. . . . . On peut faire, en ce genre, telles suppositions romanesques que l'on veut, le champ est libre ; mais s'il s'agit des faits positifs, on verra une garnison apauvrie par de grandes pertes, et réduite par des diversions inévitables ; exposée sous une gerbe de feu dont certainement il n'y eut jamais d'exemple. On verra quinze mille hommes déposés d'abord simultanément au pied des brêches, et succession de combatans : et nous avions certainement, à cet égard, beaucoup plus d'avantages que dans les circonstances ordinaires, où l'on est obligé de défiler un à un, pour arriver aux pieds des brèches : on se représentera aisément, d'ailleurs, l'impossibilité absolue d'attendre les assaillans derrière les décombres de ces brèches, foudroyées et pulvérisées par l'ascendant irrésistible de quatre cent bouchesà feu.... Mais voyez le *conseil de guerre privé*, et répondez.

§. XXIV.

M. de Crillon se justifie de nouveau (page 355) de s'être chargé de l'entreprise, par la supposition de l'ordre absolu du Roi, et des grandes dépenses déjà faites. Nous ne pouvons querépéter, qu'a l'époque dont il s'agit, on n'avoit encore fait aucune espèce de dépense, si ce n'est l'apperçu des dix carcasses de vaisseaux dont on a parlé. A l'égard de *l'ordre absolu du Roi*, on ne pense pas que le despotisme soit encore allé jusques-là, de forcer un homme de grande réputation à uue entreprise qu'il croit devoir compromettre sa gloire.

§. X X V.

L'Auteur des mémoires annonce au public (page 355) le dépôt d'une déclaration
entre les mains d'une Dame de Madrid,
pour démontrer à la postérité, non-seule-
ment qu'il avoit prévu la catastrophe des
bateries flottantes, mais qu'il n'étoit que
prête-nom dans cette entreprise ; en ce cas,
le général auroit eu grand tort de contredire
l'exécution du projet, comme il le fit en plusieurs points importans (voyez le *conseil de
guerre privé*). Le général auroit même man-
qué d'adresse, lorsqu'arivant un jour dans un
conseil de guerre, il dit à l'Auteur du projet,
en présence de M. le Comte d'Artois : *je
viens m'opposer, Monsieur, à tout ce que
vous faites, et à tout ce que vousdites. . . .*
Et l'on ne peut pas exprimer l'impression de
paralysie que produisoient de telles paroles..
Au surplus, cette précaution d'une déclaration déposée chez une femme, paroît assez
curieuse à l'égard d'un projet qui, non-seule-
ment n'étoit pas encore commencé, mais
que M. de Crillon avoue n'avoir jamais
compris ; remarquez d'ailleurs que l'Auteur

n'étoit nullement pressant pour l'admission de son projet; il parloit fort mal en Espagnol, et l'on ne devine pas quels pouvoient être ses moyens de séduction; il étoit même plus que circonspect, car il prévoyoit une partie des obstacles moraux qu'il auroit à vaincre, et il ne cachoit pas qu'il en étoit épouvanté. Il est bien vrai que l'Auteur du projet répondoit aux objections qu'on lui faisoit, avec les *emportemens de la modération* qui lui sont naturels ; mais il ne sentoit pas moins tout le poids d'une pareille entreprise : aussi fit-il, lui-même, au Minitsre, plus d'objections sur ces difficultés morales que M. de Crillon n'en fit certainement sur les obstacles physiques. L'événement n'a que trop prouvé que ses inquiétudes étoient fondées ; mais M. de Florida Blanca, eut la bonté aussi de le rassurer, et il y mit peut-être plus de soins qu'il n'en employa à déterminer M. le duc de Cirillon.

§. X X V I.

L'Auteur des Mémoires tire un bien grand avantage, (page 359,) de sa prophétie réalisée sur la perte des batteries flotantes. Mais ce seroit un grand malheur que quelqu'un pût supposer que, par une pareille prédiction, il se fût imposé l'obligation de faire connoître au monde entier, qu'il étoit bon juge de l'avenir.

M. de Crillon ajoute, (page 359,) *que la catastrophe n'a étonné personne, et que chacun s'y attendoit....* Très-certainement, ceux à qui l'on auroit fait des confidences, auroient pu s'y attendre.... On a développé une partie des causes de toutes ces sensations dans le *Conseil de guerre privé.*

§. X X V I I.

M. de Crillon suppose, (page 360,) *que M. d'Arçon commandoit en chef les bâtimens, et M. Moreno les batteries.* Cette attribution de deux objets séparés dans les mêmes batteries, a de quoi surprendre !.... Comme il est notoire que M. d'Arçon n'avoit aucun titre de Commandement, on ne verra dans cette supposition qu'une invention nouvelle, arrangée pour envelopper l'Auteur du projet dans les déporte-
mens

mens de M. Moreno. Il est de fait que l'influence de l'Ingénieur n'alloit que jusques à des Conseils, & que dans les derniers jours on refusa de les entendre.

₹. X X V I I I.

Il est utile au système adopté par M. de Crillon, de supposer que les batteries étoient engravées, (page 36₃ ;) car l'interdiction de la retraite est un des griefs de l'Auteur du projet ; il la sollicita inutilement, pendant neuf heures de suite ; il falloit donc imaginer des empêchemens. M. de Nassau a dit : *que les cabestans ne valoient rien;* d'autres ont dit que les vents étoient contraires ; mais M. de Crillon a trouvé, dans l'engravement universel, une cause plus frappante.... Le vrai est que la batterie de Nassau talonna deux fois à basse mer ; mais elle ne cessa jamais de flotter : toutes les autres n'ont pas cessé d'être à flot, à la réserve des deux batteries qui avoient touché sur le bas fond, dont il est parlé plus haut, et ce fut par leur faute ; mais elles se relevèrent avant neuf

heures du soir : l'une de celles-là même ,
(c'étoit celle de Gravina,) se retira, et étoit
absolument hors de la portée de la place :
mais l'ordre arriva bientôt de tout brûler ,
et il fut conçu en ces termes remarqua-
bles : *l'ordre est de brûler et non pas de se
retirer.*

Cet obstacle prétendu *invincible* à la retraite , fut donc une invention imaginée
après coup, pour justifier, s'il étoit possi-
ble , l'infernale résolution de tout anéantir.

§. X X I X.

Parmi les contradictions dont fourmillent
ces Mémoires, on est sur-tout frappé, (page
36o ,) de la préférence accordée pour la
retraite , précisément à celles des batteries que l'on suppose , *échouées sur des
bancs de sable* : et c'étoit avec des fré-
gates qu'on proposoit d'opérer le prodige
de les désengraver !

Nous ne pouvons , sur mille autres suppositions du même genre , que renvoyer
aux faits discutés et prouvés dans le *Conseil de guerre privé.* Nous sentons tout

le désavantage de n'opposer à des assertions faciles, publiées dans une histoire
militaire très - brillante, que des discus-
sions pénibles qui n'intéressent personne.

§. X X X.

Les prétextes de la perdition volontaire
des batteries flottantes, étoit, suivant les
Mémoires, (page 361,) de priver l'ennemi, de l'artillerie qu'elles portoient : remarquez que les Anglois ont fait repêcher
cette artillerie. Ainsi cette résolution de
tout perdre pour tout sauver, paroit aussi
attroce que ridicule.

§. X X X I.

L'Auteur des Mémoires entre dans les
détails de la catastrophe, (pages 365 et
suivantes,) mais il ne dit pas que dans
l'incendie ordonné, on se pressa tellement de l'exécuter, par la vertu des che-
mises soufrées, que sur trois de ces batteries, on n'attendit pas qu'on en eût
évacué les hommes ; ce furent les Anglais

qui vinrent au secours de ces malheureux ;
il s'en trouva en effet 336 , le lendemain ,
dans la place de Gibraltar.

₰. X X X I I.

Puisque l'auteur des Mémoires revient
encore (page 363.) à sa protestation déposée
chez une dame de Madrid , nous en
prendrons occasion de rappeler un fait
notoire , et qui donne à cette protestation une apparence plus que mystérieuse....
Comment accorder en effet, le rôle supposé passif du Général , avec son apos-
trophe au Colonel Ingénieur, en présence
de Monsieur le Comte d'Artois et de tous
les membres d'un conseil de guerre? *Quand
je vous ai appelé Monsieur, (car c'est moi
qui vous ai appelé ,) c'étoit pour exécuter mon projet , des batteries flottantes ;
car mon intention a toujours été de prendre
Gibraltar avec des batteries flottantes.
Aujourd'hui, Monsieur, votre commission
est remplie , le reste me regarde....*
On ne peut s'empêcher de penser d'après
cela , que si l'opération avoit réussi, la

lettre à Madame Marco n'auroit jamais
vu le jour. Cependant on voit des précautions pour faire ouvrir le paquet avant
l'événement ; en ce cas, diroit - on au
Général, comme vous étiez le maître de réa-
liser la prédiction, vous n'auriez jamais dû
participer à l'ordre fatal de faire brûler
toutes les batteries flottantes.

§. XXXIII.

Pour preuve de ses services, l'Auteur des
Mémoires rapporte (page 56.) la liste des
récompenses qu'il a reçues du Roi d'Espagne : il faut y ajouter cent mille livres de
pension, et le public a supposé des grati-
fications de cent mille piastres ; certainement il n'y a rien de trop ; mais on a pris
de là occasion de dire, que c'étoit assez bien
payer la complaisance de faire échouer un
mauvais projet ; et d'Arçon, après des efforts
incroyables pour rendre ce projet bon, est
arrivé à Paris avec un louis dans sa poche.

§. XXXIV.

M. de Crillon donne une idée, (page

366,) des grands moyens et des mines qu'il faisoit préparer après l'événement, pour réparer nos catastrophes..... Tout cela figure merveilleusement dans le tableau des services : il faut dire cependant que le pied du grand rocher a toujours été accessible pendant la nuit, et que dans tous les temps, on y a entretenu des détachemens et des patrouilles. Rien n'empêchoit par conséquent qu'on ne pût attacher le mineur à cette grande masse de montagne : c'est ce que fit M. de Crillon : mais le résultat d'une pareille mine eût été (quelque monstrueuse qu'on la supposât,) d'enlever une esquille du rocher, et si l'on veut mieux une partie de montagne ; ce qui n'eût produit d'autre effet que celui de reculer l'escarpement, et confirmer de plus en plus son inaccessibilité.

§. X X X V.

M. de Crillon assure, (pages 367 et suivantes,) qu'il pouvoit *continuer les travaux de ces mines, et les faire durer autant qu'il voudroit :* on peut d'autant moins contester cette proposition, qu'après

5o mines et 5o années, on l'auroit encore trouvé au premier pas.

§. X X X V I.

M. de Crillon, après avoir décrié l'Auteur du projet de Gibraltar, veut bien en dire des choses fort honnêtes, *qu'il sera toujours empressé de l'employer, mais qu'il ne le prendra jamais pour son gouverneur à la guerre :* on a pu juger en effet, d'après l'élévation du caractère de M. de Crillon, qu'il n'est nullement gouvernable, dans le cas même où il auroit ordre d'écouter un conseil.

§. X X X V I I.

L'Auteur des mémoires se plaint (page 371) du *Conseil de guerre privé* sur l'événement de Gibraltar ; il ne peut comprendre, dit-il, l'idée que l'Auteur a conçue de sa personne, puisqu'il parle souvent obligeamment de lui, et quelquefois plus que malhonnêtement... On désavoue formellement tout ce qui pourroit paroître malhonnête, mais il est étonnant que M. de

Crillon n'apperçoive dans cet ouvrage , où l'on approfondit toutes les questions de l'art, que la partie des complimens.

L'Auteur du projet seroit mieux fondé à reprocher des contrastes difficiles à concilier dans les mémoires , où il est représenté d'une part comme *un Ingénieur très-habile, plein d'activité , de courage , de moyens & de connoissance du génie* , tandis que de l'antre , on ne voit plus qu'un Auteur engoué de ses opinions , jusqu'au fanatisme ; c'est ainsi qu'on l'enchaîna de toutes les méfiances de l'armée , et l'on essaye aujourd'hui de le charger seul de toutes les fautes d'exécution commises devant Gibraltar !

§. X X X V I I I.

M. de Crillon revient encore (page 3-3) à son assertion sur l'intactibilité de la muraille de Gibraltar, et il l'appuie sur des autorités bien respectables : il est triste de se voir réduit à opposer des assertions à des assertions, et de les appuyer précisément sur les mêmes autorités : nous ne pouvons qu'affirmer à notre tour que tous les boulets

des batteries Nassau est Moreno ont fait em-
preinte sur la muraille de Gibraltar : les autres batteries, qui étoient hors de portée, n'y
ont pas causé sans doute la moindre égratignure. Ce premier effet des batteries Nassau
et Moreno n'étoit pas à beaucoup près ce
qu'on appelle des brèches, mais il n'est pas
moins positif que c'est ainsi, et pas autre-
ment, qu'on commence toutes les brèches.

§. X X X I X.

Nous terminerons ces Notes en observant
en général que les assertions ne coutent rien
à l'Auteur des Mémoires : il dit que la garnison de Gibraltar étoit de dix mille hommes et
il n'y en avoit pas six mille. Il dit qu'il y avoit
3o mille hommes employés à la grande sape
volante qui fut excécutée dans la nuit du
15 au 16 d'Août, et il n'y en avoit que douze
mille. Il dit que les batteries flottantes qui
approchèrent le plus de la place étoit à 6oo
toises, et les batteries Nassau, Moreno et
Langara étoient à 22o, 3oo et 4oo toises.
Il dit que M. d'Arçon commandoit en Chef
les bâtimens; et l'on sait qu'il n'avoit aucun

titre , et qu'il étoit sensé n'être que l'aide-
de-camp du Général. Il dit que les batteries
étoient engravées, et l'on a vu ce qui en
étoit. Il dit, il dit..... tout ce qu'il croit convenir à l'étrange système de vouloir encore
triompher d'une défaite. Mais il avoue
pourtant , l'anéantissement volontaire, la
retraite interdite, la brulure ordonnée.....
et voilà précisément tout ce que nous de-
mandions.

§. X L.

Enfin l'Auteur des Mémoires avoit oublié
de dire que les batteries auxiliaires de terre
avoient fait des merveilles et qu'elles n'a-
voient pas discontinué leurs feux... Il se di-
vise par un *Post-scriptum* : (page 393.) On
y prend le ton affirmatif sans craindre les
regards de cent mille témoins indignés du
silence opiniâtre qu'elles ont observé, après
avoir jeté ce que l'on appeloit la *dotation
journalière* de leurs munitions, qui consistoit à deux heures de feu : les trois batteries flottantes, quoique dispersées et en
fausse position, se soutinrent en effet très-

bien, pendant que dura cette action auxiliaire des batteries de terre ; mais elle cessa vers le midi, après quoi, nous nous vîmes abandonnés de Dieu et des hommes pendant près de 14 heures.

Cependant les Mémoires félicitent tous les acteurs, et il n'y a rien en effet à leur reprocher, puisqu'ils n'agissoient que par ordre : d'ailleurs ce calcul est toujours excellent ; on est bien sûr d'avoir des Prôneurs, en applaudissant tout le monde aux dépends d'une seule victime.